DOSES DIÁRIAS DE OTIMISMO

Como Atingir seu Ponto de Equilíbrio Usando as Cartas Ciganas e a Aromaterapia

Margarita Fasanella Martinez

DOSES DIÁRIAS DE OTIMISMO

Como Atingir seu Ponto de Equilíbrio Usando as Cartas Ciganas e a Aromaterapia

EDITORA PENSAMENTO
São Paulo

Copyright © 1999 Margarita Fasanella Martinez.

Todos os direitos reservados. Nenhuma parte deste livro pode ser reproduzida ou usada de qualquer forma ou por qualquer meio, eletrônico ou mecânico, inclusive fotocópias, gravações ou sistema de armazenamento em banco de dados, sem permissão por escrito, exceto nos casos de trechos curtos citados em resenhas críticas ou artigos de revistas.

O primeiro número à esquerda indica a edição, ou reedição, desta obra. A primeira dezena à direita indica o ano em que esta edição, ou reedição, foi publicada.

Edição	Ano
1-2-3-4-5-6-7-8-9-10-11	00-01-02-03-04-05-06

Direitos reservados
EDITORA PENSAMENTO LTDA.
Rua Dr. Mário Vicente, 374 — 04270-000 — São Paulo, SP
Fone: 272-1399 — Fax: 272-4770
E-mail: pensamento@cultrix.com.br
http://www.pensamento-cultrix.com.br

Impresso em nossas oficinas gráficas.

AGRADECIMENTOS

À minha querida amiga, astróloga, assistente social como eu, e grande iniciada, Zalira Cambraia Silveira, por seu incentivo e valiosas informações, colhidas em suas pesquisas no exterior.

Ao meu editor Diaulas Riedel que, antes de partir para outros planos, deixou-me esta incumbência, com preciosas orientações.

Obrigada, amigos!

SUMÁRIO

Introdução 9
Recomendações sobre o Uso da Aromaterapia 11

Inspirações:

Desafios 15
Obstáculos 17
Empreendimentos 19
Lar 21
Frutos 23
Tempestades 25
Discórdias 27
Morte e Renascimento 29
Felicidade 31
Decisões 33
Sofrimentos 35
Sonhos 37
Criatividade 39
Estratégia 41
Perseverança 43
Inspiração 45
Renovação 47
Amizade 49
Alma 51
Prazer 53
Justiça 55

Dúvidas 57
Decepções 59
Amor 61
Parcerias 63
Aprendizagem 65
Comunicação 67
Homem 69
Mulher 71
Pureza 73
Energia 75
Fascínio 77
Solução 79
Abundância 81
Segurança 83
Espiritualidade 85

Bibliografia 87

INTRODUÇÃO

Este pequeno livro é um guia prático para ajudá-lo em sua caminhada diária, nesta tão esperada e propalada Nova Era de Aquário. Nossa vida será uma estrada colorida ou um caminho tortuoso, dependendo de nossas escolhas. Um conselho providencial no momento oportuno ou uma orientação que nos leve à reflexão podem contribuir, como uma bússola, para nortear a senda que haverá de nos levar em direção à evolução e ao êxito.

Os iluminados afirmam que, para vencer os desafios diários, são essenciais:

Paciência, para aceitar as situações da forma como se apresentarem;
Sabedoria, para saber como lidar com o novo;
Entusiasmo, para não desistir e alavancar a vida;
Amor, para deixar fluir a energia e a vitalidade e
Coragem, para seguir adiante.

As 36 lâminas que compõem as Cartas Ciganas falam disso tudo e de como seguir, na estrada da vida, da maneira mais harmônica possível. Por essa razão, fundamentadas nos conselhos ciganos, criamos estas *Doses Diárias de Otimismo*. Junto a elas, o prezado leitor encontrará também a indicação de como obter ou potencializar seu equilíbrio energético, em determinado assunto, tema ou questão, com a contribuição da Aromaterapia.

Para obter a orientação de que necessite, o leitor pode utilizar diversos métodos: abrir o livro ao acaso ou diretamente no assunto sobre o qual deseja uma "inspiração" ou, de posse das cartas ciganas, ao mentalizar o tema, embaralhá-las bem, deitá-las (com a parte das ilustrações para baixo) sobre um lenço colorido e selecionar uma, ao acaso. Com certeza, seu inconsciente ajudá-lo-á a fazer a escolha mais acertada.

Não há limites quanto ao número de vezes em que pode ser consultado ou quanto ao momento mais apropriado. É aconselhável fazê-lo todos os dias ao acordar, pois ao receber a *inspiração* para aquele dia, certamente você começará bem sua jornada. Pode ser feita, também, a consulta à noite, antes de dormir. Dessa forma, estará programando sua mente para a harmonia, resolução de problemas ou simplesmente para ser feliz.

A indicação aromática tem como objetivo ajudá-lo a obter o equilíbrio energético do qual está precisando. Os aromas permitem associações únicas que podem ajudar as mudanças criativas na nossa maneira de agir e nas nossas emoções. Desde os tempos mais remotos, ervas aromáticas e curativas foram usadas em incensos, perfumes e óleos, em rituais religiosos ou mágicos.

Atingir estados superiores de consciência por meio dos perfumes ou aromas é um conhecimento oriundo das tradições dos antigos egípcios e gregos, dos alquimistas árabes, dos hindus e budistas e de muitas outras culturas, inclusive da cultura cigana, pois esse povo nômade teve acesso a todas elas em suas peregrinações.

A verdade é que, quando usados corretamente, os aromas têm a capacidade de estimular, além do nosso corpo físico, do nosso estado emocional, mental e espiritual, de forma sutil e mágica, pela livre associação inconsciente com emoções passadas relacionadas com certos odores.

Dizem, aliás, que *o perfume volátil dos óleos essenciais pode ser comparado a uma criatura etérea e alada, um anjo, uma fada ou um gênio encerrado numa lâmpada. Se esquentarmos a garrafa friccionando-a e, depois, abrirmos sua tampa, esse espírito alado voará para realizar nossos desejos* ... Muito romântico? Não sei. Experimente você mesmo!

Algumas recomendações sobre o uso da aromaterapia são muito importantes:

- Esteja sempre atento à origem e qualidade do produto;
- Verifique se o fornecedor é conceituado;
- Os óleos puros e naturais e as ervas em natura são os melhores;
- No mercado, existem alguns óleos essenciais baratos para fazer *pot-pourris* e refrescar o ambiente. Cuidado! A magia que dizem conter nem sempre é verdadeira, estando apenas no rótulo;
- Ao comprar, dê preferência a farmácias de manipulação, homeopáticas ou lojas de produtos naturais;
- Certifique-se de que os nomes dos óleos que deseja comprar estejam escritos também em latim; é uma forma de garantir que você levará exatamente o que você quer;
- Não use sintéticos, geralmente denominados fragrâncias ou perfumes, para uso na aromaterapia;
- Coloque o óleo num difusor ou aplique num pedaço de tecido ou papel;
- Não aplique os óleos diretamente sobre a pele, pois em geral são altamente concentrados e podem causar irritação. Se quiser usá-los diretamente sobre a pele, dilua-os em óleo vegetal ou óleo de jojoba, ou dilua-os em água e use como *spray*, criando uma espécie de "aura de neblina";
- Você pode usar diariamente a magia dos aromas que correspondam a uma qualidade ou energia necessária para uma atividade ou encontro, quantas vezes quiser;
- Determine seu propósito ou objetivo, lembrando que isso deve afetar apenas a você e jamais prejudicar alguém;
- No uso deste livro, escolha uma carta ou tema ao acaso ou que corresponda o mais próximo possível do seu propósito, e crie um quadro na sua mente de sucesso na realização desse seu propósito. Imagine o resultado com detalhes concretos, combinando as imagens da carta escolhida com sua imagem mental;

- Aspire o perfume do óleo essencial que corresponda à lâmina escolhida das Cartas Ciganas, enquanto sente a alegria e o sucesso de atingir seu objetivo;
- Deixe que o aroma e a sensação de realização preencham todo o seu ser, alimentando, assim, seu propósito ou a indicação de sua escolha aleatória.

De todo modo, creia: nosso maior desejo é o de que você seja feliz tornando sua vida e a de todos os que o cercam cada vez melhor!

Inspirações

Desafios

O s desafios fazem com que superemos a nós mesmos.

Diante deles, somos impelidos a usar nossas capacidades potenciais e descobrimos nossos talentos.

Veja quaisquer obstáculos que aparecerem como verdadeiras alavancas para o sucesso e o êxito pessoal.

Sinta-se livre para agir.

Este é o momento certo para a ação.

Portanto, avance! Chegou a hora de sentir-se superior.

Nota aromática de equilíbrio:

- Semente de girassol (*Foeniculum vulgare*)
- Niaouli (*Melaleuca viridiflora*)
- Óleo de gálbano (*Galbanum*)

Para ter a coragem de arriscar-se e ir além de sua situação atual, com confiança.

Obstáculos

Tenha a extensa visão do tempo.

Intimidamo-nos com pequenos empecilhos porque nos prendemos ao momento presente.

O imediatismo faz com que vejamos ou criemos obstáculos por vezes inexistentes.

Treinar a paciência e dominar a ansiedade é uma virtude. Mais do que isso, é sinal de sabedoria.

Minimize os obstáculos, rindo-se deles.

Veja a situação presente sob a óptica de um espectador que aguarda o final do espetáculo para aplaudir.

Exercite a visão do futuro e seu caminho se iluminará.

Nota aromática de equilíbrio:

- Limão (*Citrus limonum*)
- Cânfora (*Cinnamomum camphora*)
- Jasmim (*Jasminum grandiflorum*)

Para ter acesso à sabedoria interior e ampliar a objetividade emocional.

Empreendimentos

As viagens têm o poder de renovar nossas energias e nossos conhecimentos.

Mesmo que não possamos realizá-las fisicamente, indo a lugares; podemos "viajar", imaginando nossas metas, nossos empreendimentos.

Volte-se para a viagem interior do reconhecimento de seus desejos.

Confie. Esteja consciente do momento único, que é o presente, e de que ele é a pista para seu vôo em direção ao crescimento.

Pense: qual é a minha bagagem atual? Devo melhorá-la? Aonde quero chegar?

Assim, você estará materializando e traçando sua rota em direção ao êxito.

Nota aromática de equilíbrio:

- Coentro (*Coriandrum sativum*)
- Cenoura (*Daucus carota*)
- Lábdano (*Cistus ladaniferus*)
- Camomila-romana (*Anthemis nobilis*)

Para obter o autocontrole e a vitória, e sempre que desejar ou for viajar.

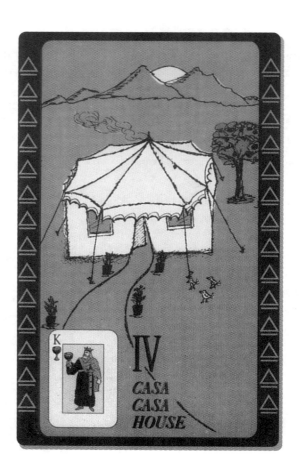

Lar

A casa é sinônimo de lar, o local que deve aquecer-nos e proteger-nos. Volte-se para o seu refúgio, que é a sua casa, e procure inundá-la de energia e a todos os que nela habitam. Existem alguns métodos milenares, como o Feng Shui, que podem ajudar na obtenção da harmonia dentro de nossa casa para a saúde, a prosperidade, o bem-estar e a realização pessoal.

Examine o quanto de dedicação você tem destinado a ela. Incentive os valores de família, camaradagem e afeição.

Por vezes, as rotinas diárias fazem com que demos mais importância a estranhos do que às pessoas que compartilham conosco a nossa casa.

Reserve parte do seu tempo para estar disponível, para ouvir e conversar com seus familiares, e ficará surpreso com o tanto de informações e carinho, multiplicados, que receberá.

Esforce-se para que sua casa seja sinônimo de lar, aconchego, paz e segurança; a felicidade virá como acréscimo.

Nota aromática de equilíbrio:

- Bergamota (*Citrus aurantium bergamia*)
- Cipreste (*Cypressus fiber*)
- Lírio-do-vale (*Convalaria majalis*)
- Magnólia (*Magnolia grandiflora*)
- Mirra (*Commiphora myrrha*)

Para se proteger do azar e de perigos físicos; para atrair sorte e ganhos financeiros; para ter um sono tranqüilo; para ter paz, harmonia e desenvolvimento espiritual; para receber proteção e bênçãos.

Frutos

A única herança válida que podemos deixar para nossos descendentes, ou para a humanidade, são os bons exemplos e a conduta correta.

Se você cuidar de lançar sementes em solo fértil e cuidar de si e de todos os que o rodeiam com carinho e dedicação, indubitavelmente você colherá bons frutos.

Pense que sempre chega o momento da colheita e, quanto mais e melhor tivermos cuidado da "árvore da vida", maiores e melhores serão os frutos.

Nota aromática de equilíbrio:

- Cedro-do-atlas (*Cedrus atlantica*)
- Cedro-do-texas (*Juniperus mexicana*)
- Cedro-do-himalaia (*Cedrus deodara*)

Para ampliação, desenvolvimento e crescimento, tanto interior quanto exterior.

Tempestades

Existem ocasiões em que parece que uma tempestade cai sobre a nossa cabeça e temos a sensação de que a vida tornou-se obscura e confusa.

Quantas vezes você já ouviu o ditado "fazer tempestade em copo de água"? Se olharmos para nossos problemas como se estivessem dentro de um copo de água, eles nos parecerão pequenos.

Caso você esteja atravessando um período assim, faça esse exercício de imaginação e pense que nuvens e tempestades não são eternas.

Precisamos delas para descarregar o excesso de energia. E o que é mais importante é que, quando elas passam, aparece o céu azul (que sempre esteve lá e a gente esqueceu) e até um lindo arco-íris. Pense nisso.

Nota aromática de equilíbrio:
- Bétula branca (*Betula alba*)
- Âmbar-cinzento (*Elodone moschata*)

Para estimular as qualidades de positividade, valentia, coragem, firmeza, autodefesa, inteireza, paz, perfeição, restauração e unidade.

Discórdias

Fuja de discussões estéreis e da discórdia.

A mente serena afasta-se e afasta o egoísmo, a inveja, o ciúme e a violência, que são emoções inferiores.

Observe o seguinte: se o seu desejo verdadeiro for o de ajustar todos os maus pensamentos e se no seu coração houver lugar somente para o perdão, as forças perversas serão banidas e a luz vencerá em todo o seu esplendor.

Ore e vigie.

Nota aromática de equilíbrio:

- Tabaco (*Nicotiana tabacum*)
- Bétula branca (*Betula alba*)

Para incorporar idoneidade, poder, auto-sacrifício, vitalidade, disciplina, firmeza e autocontrole.

Morte e Renascimento

Morte e renascimento caminham juntos.

Em algumas fases da vida, devemos ter a coragem de fazer cortes radicais e de recomeçar tudo outra vez.

Esse é um momento mágico que o cosmo coloca ao nosso alcance para que testemos e exercitemos nossos talentos.

Assim como a lagarta dá a vez à linda borboleta, que ajudará na multiplicação das flores, nossa personalidade ou alma precisa renovar-se a cada dia.

Esta é a sua oportunidade. Escolha suas melhores cores e renasça!

Nota aromática de equilíbrio:

- Cipreste (*Cupressus sempervirens*)
- Rue (*Ruta graveolens*)
- Opopônax (*Commiphora erythraea*)

Para libertar-se do passado e criar novos caminhos para a manifestação da força criativa e energética da vida.

Felicidade

Uma flor sozinha pode ser bela, mas nada se compara a um conjunto de flores.

A visão de um ramalhete multicolorido remete-nos à sensação de felicidade e de alegria.

Agradeça ao Divino por todas as coisas belas que você pode usufruir e, se você estiver um pouco tristinho, aborrecido ou desanimado, pense num lindo ramalhete e conserve dentro de si a emoção positiva que essa visão lhe causará.

Lembre-se que felicidade é um estado de ânimo. É muito difícil *ser* feliz, mas podemos tentar *estar* felizes, mesmo que por um segundo, guardando a lembrança dessa sensação.

Que tal oferecer uma flor a alguém e disseminar, assim, a felicidade?

Nota aromática de equilíbrio:

- Olíbano (*Boswellia*)
- Benjoim da Tailândia (*Styrax tonkinensis*)
- Benjoim da Sumatra (*Styrax benzoides craib*)
- Rosa vermelha (*Rosa gallica, rubra*)
- Sândalo (*Eucaria spicata*)

Qualidades e sentimentos associados: conquista, afeto, vivacidade, talento artístico, atração, beleza, charme, deleite, encanto, graça, inspiração, alegria, amor, sedução, estilo, triunfo, sofisticação e valor.

Decisões

Separar o trigo do joio é um sábio preceito bíblico.

Diante de decisões a serem tomadas, a observação desse conselho nos ajudará a separar o que é importante do que é essencial ou necessário e do que é apenas incidental.

Observe: estamos sempre tomando decisões e optando por alguma coisa.

Não se arrependa de suas escolhas. Provavelmente, elas eram o que de melhor você poderia fazer naquela hora.

O importante é que você não ficou inerte e teve a coragem de escolher.

Essa coragem deve ser a nossa constante companheira.

Nota aromática de equilíbrio:

- Patchuli (*Pagostemon cablin*)
- Pimenta-do-reino (*Piper nigrus*)
- Pinho (*Pinus species*)
- Palmarosa (*Cymbopogon martini*)
- Mirto ou Murta (*Myrtus communis*)
- Menta (*Mentha spicata*)

Favorecimento da transmutação; afastamento de bloqueios ou repressões que nos impedem de progredir; para retirar ou vencer obstáculos e para tomar decisões equilibradas.

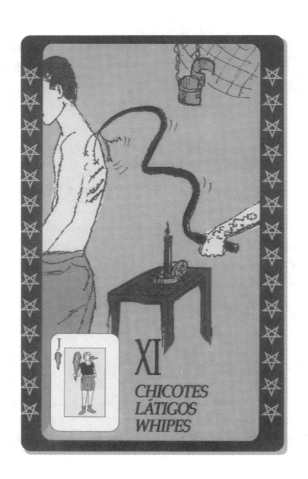

Sofrimentos

Pior do que o flagelo causado por terceiros é a autoflagelação.

Pare de se torturar e de sofrer.

A vida é bela e podemos tirar lições maravilhosas das ocasiões mais dolorosas.

Aliás, são elas o nosso verdadeiro teste na evolução.

Não fique impassível, sentindo-se impotente ou incapaz.

Somos todos parte da divindade e temos inteligência e capacidades infinitas para enfrentar a luta.

Lute e você vencerá!

Nota aromática de equilíbrio:

- Patchuli (*Pagostemon cablin*)
- Sálvia (*Salvia aclarea*)
- Lábdano (*Cistus ladaniferus*)
- Mirra (*Commiphora Myrrha*)

Para ligar a personalidade ao Eu Superior pelo sacrifício e a redenção. Suas qualidades: prudência, espiritualidade e sabedoria.

Sonhos

Os sonhos são o preâmbulo da vitória.

O homem de sucesso é aquele que não perde jamais a capacidade de sonhar.

Para isso, é preciso sentir-se livre e deixar nossa mente em constante expansão.

Grandes surpresas nos aguardam quando empreendemos altos vôos.

Uma delas é a possibilidade de encontrar nossa alma gêmea e, junto dela, sonhar.

Ao sonhar, libertamos nossa imaginação e damos forma àquilo que desejamos.

Sonhe sempre e pense grande!

Nota aromática de equilíbrio:
- Eucalipto (*Eucalyptus globulus*)
- Lima (*Citrus aurantifolia*)
- Camomila azul (*Matricaria chamomilla*)
- Murta (*Myrtus communis*)

Para melhorar a auto-estima e ampliar a visão e esperança de futuro; para a superação das limitações com sucesso.

Criatividade

Felizes aqueles que conservam a alegria de crianças e que mantêm o desejo constante de aprender e de conhecer coisas novas, de forma destemida.

Exercite sua criatividade.

Inove sua maneira de pensar ou de agir.

Inove sua maneira de se apresentar.

Experimente e descubra coisas novas.

Faça com que cada rotina seja vivida de forma diferente.

Treine a espontaneidade.

E, principalmente, mantenha a vontade e o prazer de viver!

Nota aromática de equilíbrio:
- Artemísia (*Artemisia vulgaris*)
- Nardo (*Nardostachys jatamansi*)
- Mirra (*Commiphora myrrha*)

Para entregar-se às visões místicas ou à imaginação criativa; para ver as coisas de um ângulo diferente.

Estratégia

A sutileza é uma arte.

Observe o momento oportuno de falar e o momento de calar.

Diz um provérbio judaico: "Se você quer que as pessoas pensem que você é muito inteligente, simplesmente concorde com elas."

Nas batalhas mais desafiadoras e complicadas, vence o melhor estrategista.

A inteligência, aliada à astúcia, forma os estrategistas.

Um sinal de astúcia pode superar inteligências brilhantes.

Use-a positivamente.

Nota aromática de equilíbrio:
- Sálvia (*Salvia aclarea, officinalis*)
- Wintergreen (*Gaultheria procumbens*)
- Bergamota (*Citrus aurantium bergamia*)

Para a prudência e sagacidade e para saber agir na hora certa.

Perseverança

Chegou a hora de usar toda a sua energia e vibração.

A paixão pela vida, pelas coisas, por pessoas, ou por uma pessoa em especial, pode ser o impulso necessário para grandes e arrojadas empreitadas.

Coloque paixão em tudo o que fizer.

A perseverança, aliada à paixão, ajudará para alcançar suas metas.

É preciso saber usar a força para conquistar, não para agredir.

Somente as pessoas que não desistem, mesmo chegando ao ponto de exaustão, é que são as verdadeiramente vitoriosas!

Vamos à luta. O resultado de todo esforço sempre vale a pena!

Nota aromática de equilíbrio:

- Rosemary (*Rosmarinus officinalis*)
- Juniperberry (*Juniperus communis*)
- Néroli (*Citrus aurantinum bigarada*)

Para agir guiado pelo coração, sem medo e honrando os instintos.

Inspiração

Uçamos nossa voz interior e a sabedoria que provém do nosso anjo guardião.

O plano cósmico-espiritual não nos abandona jamais.

Muitas de nossas intuições e inspirações são emanações de nossa divindade interior.

Aprenda a ouvi-la.

Aprenda a sintonizar-se com essas energias sutis e perceberá quantos "milagres" passarão a acontecer na sua vida.

Depois, agradeça por todas as dádivas recebidas.

Nota aromática de equilíbrio:

- Eucalipto (*Eucalyptus globulus*)
- Fir (*Abies balsamea*)
- Lima (*Citrus aurantifolia*)
- Camomila azul (*Matricaria chamomilla*)

Para conscientização planetária, purificação, visões e esperança.

Renovação

As mudanças fazem parte da vida e devem ser recebidas com boa vontade e alegria.

Se nada de novo estiver acontecendo, faça com que aconteça.

Mude tudo o que você puder e verá as maravilhas que passarão a acontecer pela reciclagem energética.

O fluxo da energia facilita a conexão com a abundância.

Renovação significa "tornar novo".

Transforme a sua vida renovando o interior e o exterior em você e no seu ambiente.

Nota aromática de equilíbrio:

- Canela (*Cinnamomum zeylanicum*)
- Tangerina (*Citrus reticulata*)
- Olíbano (*Boswellia*)

Para alcançar a renovação e o nascimento, a iluminação, a realização e a felicidade.

Amizade

Lealdade, honestidade e companheirismo são virtudes que moldam positivamente o nosso caráter e nos ajudam na conquista de novos amigos e na preservação dos antigos.

Valorize, cultive e esteja sempre disponível para os amigos.

O efeito que isso trará para a sua vida será surpreendente.

Na necessidade, terá mãos estendidas.

Na alegria, terá abraços amigos.

Aprenderá o significado da palavra *confiança*.

E jamais se sentirá sozinho, mesmo estando só.

Aproveite o dia de hoje para conquistar mais um amigo!

Nota aromática de equilíbrio:
- Lavanda (*Lavandula officinalis, L. vera, L. angustifolia*)
- Gerânio (*Pelargonium graveolens, P. odorantissimum*)
- Hortelã (*Mentha piperita*)

Para todos os relacionamentos e para abrir os canais de comunicação.

Alma

A missão de nossa alma nos impulsiona durante toda a nossa caminhada pela Terra.

Preste atenção aos anseios de sua alma.

Ouça-a.

Entre em meditação ou apenas observe seus valores e desejos.

Descubra quais são os seus dons e coloque-os a serviço da humanidade.

Não economize. Esbanje seus talentos.

Esta é a sua oportunidade de evolução.

Aproveite-a bem; sua alma lhe agradecerá por isso.

Nota aromática de equilíbrio:

- Ciperácea (*Cyperaceae rotundus*)
- Helichrysum (*Helichrysum angustifolium*)
- Silindra (*Philadelphus coronarius*)

Para expandir a percepção nos planos interiores, aumentar o desenvolvimento e a percepção espiritual e psíquica, e trazer equilíbrio e harmonia holísticos.

Prazer

Além de ser uma necessidade para o nosso equilíbrio, o contato com a natureza é um momento prazeroso no qual temos a oportunidade de sentir que fazemos parte do grande cosmos, do universo.

Contemple o mar. Perceba o moto contínuo das ondas, como a própria vida.

Ande descalço na areia.

Abrace árvores. Ouça o pulsar da seiva.

Olhe para as folhas das plantas. Observe como vibram quando sopradas pelo vento. Sinta a ternura da brisa roçando a sua pele.

Levante os olhos em direção ao céu, durante o dia e à noite. Veja a formação das nuvens, sua coloração e o contraste com o azul. Maravilhe-se com o brilho das estrelas, seus agrupamentos e constelações. Encante-se com o espetáculo com que o Sol nos brinda a cada amanhecer e entardecer.

Medite, sinta o prazer de usufruir de tudo isso e, sobretudo, divirta-se com a natureza!

Nota aromática de equilíbrio:
- Amêndoa-amarga (*Amygdalus amara*)
- Eucalipto (*Eucalyptus globulus*)
- Cominho (*Cuminum cyminum*)
- Rosa (*Rosa centifolia, Rosa damascena*)

Para criar harmonia, estabelecer a paz, ativar o talento artístico, o encantamento, o enlevo, a sensualidade, o hedonismo, a fantasia e o equilíbrio.

Justiça

Seja justo em tudo o que faz.

Nada traz mais segurança do que o "caminho do meio".

O caminho do equilíbrio é o mais seguro nos empreendimentos de qualquer natureza: familiares, profissionais ou comerciais.

Aquele que usa da justiça, como seu baluarte, a terá também do seu lado quando dela necessitar.

Siga o exemplo das montanhas: mantenha-se sereno e quieto, mesmo diante de tempestades e intempéries.

Conte até dez antes de agir. Se não for suficiente, conte até cem ou até mil.

Prometa a si próprio não julgar nada, nem ninguém.

A recompensa do não-julgamento é não ser julgado também.

Seja sempre equilibrado em seus atos, sentimentos, emoções, pensamentos e palavras.

Nota aromática de equilíbrio:
- Palmarosa (*Cymbopogon martini*)
- Murta (*Myrtus communis*)
- Menta (*Menta spicata, M. piperita*)

Para negociações, imparcialidade e justiça; para tomar decisões equilibradas.

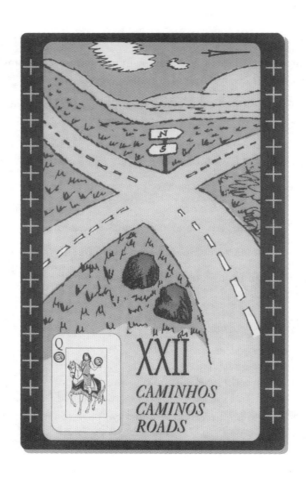

Dúvidas

Quantas vezes você teve de escolher entre dois caminhos, como se estivesse numa encruzilhada?

Eis aí a oportunidade para que usemos toda a nossa sabedoria e conhecimentos.

Consultando nosso mestre interior, em silêncio ou meditação, teremos a certeza do que é melhor para nós.

Ou, ao menos, descobriremos qual o caminho que não deveremos pisar nunca mais!

Por isso, diante de cada bifurcação na sua caminhada, pare e ouça.

Diante da angústia ou incerteza, espere.

Ao sentir tranqüilidade no seu coração, vá adiante.

Nota aromática de equilíbrio:
- Absinto (*Artemisia absinthium*)
- Lavanda (*Lavandula officinalis*)
- Gerânio (*Pelargonium graveolens*)
- Hortelã (*Menta piperita*)

Para fazer a síntese entre o consciente e o inconsciente; para tomar uma resolução, ter discernimento e saber fazer escolhas.

Decepções

A decepção nada mais é do que o desequilíbrio entre a energia que mobilizamos com relação a alguém ou a alguma coisa e a energia que recebemos.

Quando nossa expectativa é muito alta, mesmo com resultados satisfatórios, a tendência é a de nos sentirmos frustrados se estes não forem da mesma intensidade que esperávamos.

Esteja atento ao nível de suas expectativas e à quantidade de energia empregada, para não cair em *stress* ou ser tomado pela tristeza. Reaja!

Aproveite para auto-analisar-se, verificando quais são os seus ideais e se não está exigindo uma perfeição divina em tudo. Afinal, nem todos conseguem elevar-se na espiral da evolução da mesma maneira, não é mesmo?

Nota aromática de equilíbrio:
- Semente de cenoura (*Daucus carotta*)
- Champaca (*Michelia champaca*)
- Jacinto (*Hyacinthus orientalis*)
- Lavanda (*Lavandula vera*)
- Violeta (*Viola odorata*)

Para afastar a negatividade, acalmar e energizar a aura; para restabelecer o equilíbrio, atrair a sorte e o amor, melhorar as finanças, acumular energia e trazer tranqüilidade aos relacionamentos; para curar, afastar o mal e pacificar brigas, inclusive entre amantes.

Amor

Existem várias formas de amor e de amar.

O amor universal é o mais completo e verdadeiro amor.

Também é chamado de amor incondicional porque é oferecido sem nada esperar em troca.

O amor genuíno é generoso e altruísta, paciente, tolerante e não impõe condição alguma.

Reflita sobre a forma como você dá, pede e recebe amor.

Sempre é tempo de vivenciar o amor maior.

Não se contenha. Comece a distribuir cumprimentos, sorrisos. Elogie.

Magicamente, uma onda de afeição e amor inundará a sua vida. Experimente!

Nota aromática de equilíbrio:

- Amêndoa-amarga (*Amygdalus amara*)
- Artemísia (*Artemisia vulgaris*)
- Baunilha (*Vanilla planifolia*)
- Bétula (*Betula lenta*)
- Camélia (*Camellia sasanqua*)
- Cardamomo (*Elettaria cardamomum*)
- Coentro (*Coriandrum sativum*)
- Cominho (*Cuminum cyminum*)
- Lírio-florentino (*Iris florentina*)

Para estabelecer vibrações harmônicas e magnéticas no amor, despertar o desejo sexual, tornar-se inesquecível; para aumentar a libido, trazer paz, harmonia, garantir a fidelidade dos parceiros e atrair parceiros.

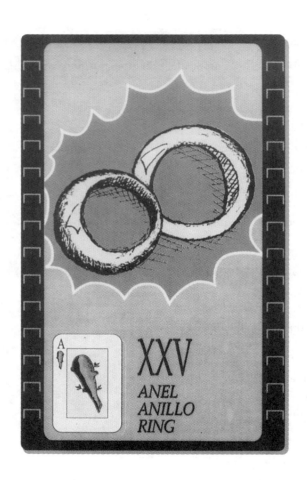

Parcerias

Ser parceiro é reunir-se com um objetivo comum.

O que caracteriza a parceria é o interesse e companhia que existe entre seus membros, quer seja num casamento, num namoro, numa sociedade comercial ou em qualquer outro tipo de associação.

No casamento é preciso que haja interesse e companheirismo, acrescidos do ajuste de personalidades diferentes. O casamento requer doação e flexibilidade.

Analise seus relacionamentos e constatará qual é a parcela que lhe cabe pelo seu êxito.

Você tem sido um bom parceiro?

Nota aromática de equilíbrio:

- Ylang-ylang (*Canaga odorata*)
- Baunilha (*Vanilla planifolia*)
- Rosa (*Rosa damascena, centifolia* ou *gallica*)
- Gerânio (*Pelargonium graveolens e odorantissimum*)
- Lavanda (*Lavandula vera*)

Para o amor; para todos os relacionamentos; para trazer tranqüilidade a todos os relacionamentos e abrir as portas da comunicação.

Aprendizagem

Há pessoas que são como um livro fechado. Detêm uma série de conhecimentos, porém não os compartilham com ninguém. Outras dizem que estão sempre abertas, porém o texto é sempre o mesmo: não mudam uma vírgula de suas convicções.

Na espiral da evolução, o estudo constante e progressivo é uma necessidade permanente.

Reserve uma parte do seu dia para estudos formais e outra parte, mesmo que pequenina, para os estudos da alma, para chegar à maestria.

Dessa forma, irá compreendendo os mistérios da vida.

Nota aromática de equilíbrio:

- Anis (*Illicium verum*)
- Estoraque (*Liquidamber orientalis*)
- Funcho (*Foeniculum dulce*)
- Lilás (*Syringa vulgaris*)
- Lima (*Citrus medica*)
- Madressilva (*Lonicera periclymenum*)
- Mástique (*Pistacia lentiscus*)

Para aumentar a curiosidade intelectual, a rapidez do pensamento; para estimular a energia do cérebro, aumentar a capacidade psíquica, ajudar na memorização e no desenvolvimento mental.

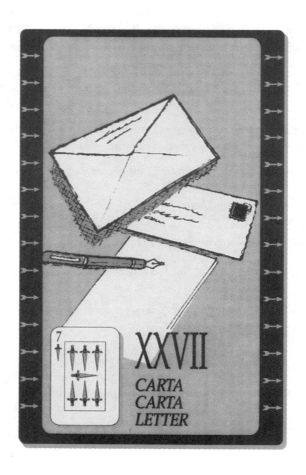

Comunicação

Tem sido observado que, na chamada *era da comunicação*, não há mais tempo justamente para a comunicação.

Perdeu-se parte do seu sentido, que é o do trato comum, a convivência entre as pessoas, a partilha de sentimentos e emoções.

Tornamo-nos excelentes informadores, com interesses particulares, e péssimos comunicadores.

Gastamos horas e horas na frente de máquinas, em contatos virtuais, e evitamos as pessoas.

Que tal voltar a nos humanizarmos?

Verifique quanto tempo você destina a ouvir seus familiares, seus amigos ou colegas de trabalho e atividades. Por incrível que pareça, o bom comunicador não é aquele que fala mais, porém aquele que ouve mais.

Amplie esse tempo e descobrirá os tesouros que se encerram em cada pessoa, em você inclusive.

Nota aromática de equilíbrio:

- Urze (*Erica vulgaris*)
- Resina de âmbar (*Succinum electrum*)
- Cardamomo (*Elettaria cardamomum*)
- Pau-rosa (*Aniba rosaeodora*)

Para ajudar as pessoas a ouvir; para aconselhar, ensinar e aprender; para equilibrar os componentes masculino e feminino e atrair a solidariedade.

Homem

O homem foi feito à imagem e semelhança de Deus. Essa frase, banalizada pelo uso, traz em seu bojo a nossa responsabilidade em reverenciar e cultivar a divindade que habita dentro de nós e da qual somos parte.

Nós nos esquecemos dos dons divinos e cultuamos apenas a nossa parte física, animal.

Ser homem é fazer parte da coletividade que anima o nosso planeta, contribuindo para seu crescimento em todos os sentidos.

Honremos, pois, a grande oportunidade que nos foi dada.

Nota aromática de equilíbrio:
- Canela (*Canella alba*)
- Gengibre (*Zingiber officinalis*)
- Flor e folha de tabaco (*Nicotiana affinis*)
- Uva-de-espinho (*Berberis vulgaris*)

Para curar, fortalecer e revitalizar a aura; para promover e aumentar a vitalidade física; para revigorar o corpo e a força de vontade.

Mulher

A mulher tem mais predisposição para a sensibilidade, a intuição e a ternura.

Sua imagem lembra aconchego e repouso.

Ao arquétipo feminino ligamos a lua e, portanto, os ciclos da vida, de morte e reprodução.

À lua associamos a imagem da virgem jovial, da mulher madura e maternal e da mulher mística e sábia.

Abençoadas sejam as mulheres que, quer tenham tido o privilégio de serem mães ou não, colocam seus dotes a serviço da humanidade, transmitindo conforto a quem precisa e o calor sublime que brota do amor.

Nota aromática de equilíbrio:
- Cânfora (*Cinnamomum camphora*)
- Gardênia (*Gardenia florida*)
- Jinsém (*Panax schinseng*)
- Lótus (*Nymphea alba* e *Nymphea lotus*)
- Angélica do Japão (*Stephanotis floribunda*)

A cânfora, em especial, é usada como fonte de poderes ocultos em misturas lunares; para ganhar força; para restabelecer a paz; para a vitalidade física e curar a áurea; para obter energia e fertilidade e para aumentar o magnetismo pessoal.

Pureza

Feliz daquele que consegue manter-se inocente e tranqüilo, sereno, suave, verdadeiro e despojado, como um lírio.

A pessoa que conserva e cultiva a pureza não permite que nenhuma influência externa altere seu estado natural.

A franqueza é uma virtude, porém não deve ser levada às raias da rudeza.

No entanto, a verdade é um escudo.

Ela protegerá sempre quem a usar.

Nota aromática de equilíbrio:
- Goivo (*Cheiranthus cheri*)
- Tuberosa (*Polianthes tuberosa*)
- Semente de aipo (*Apium graveolens*)
- Frangipana (*Plumeria rubra*)

Para purificar a mente e canalizar bons pensamentos; para restabelecer a paz e a harmonia; para atrair a assistência de bons espíritos, afastar o mal e a negatividade; para restaurar a felicidade, a paz e a harmonia.

Energia

Mesmo diante de desafios, desastres ou misérias, o sol retorna a cada dia com seu esplendor, aquecendo a todos por igual, independentemente de raça, credo ou região.

Oxalá possamos seguir o seu exemplo, vibrando positivamente com todas e para todas as pessoas com as quais nos encontrarmos, multiplicando a energia e a luz.

Que nossa presença seja sempre uma tocha a iluminar os caminhos.

Quando sentir que sua energia está em baixa, imagine uma cachoeira de raios solares inundando sua aura e seu corpo.

Repita esse processo mágico envolvendo outras pessoas e a energia perdurará.

Nota aromática de equilíbrio:

- Acácia (*Robinia pseudoacacia*)
- Angélica (*Archangelica officinalis*)
- Louro (*Mycia acris*)
- Olíbano (*Boswellia*)

Para ajudar no desenvolvimento psíquico, atrair poder espiritual, proteção e energia mágica; para contra-atacar a negatividade, estimular a visão psíquica, abençoar, proteger e purificar; para consagrar e atrair sucesso e prosperidade.

Fascínio

A lua lembra sonhos, devaneios, mistérios e romance.

Seus raios prateados exercem encantamento e fascínio em todos nós, mesmo tratando-se de um mero reflexo.

Seu magnetismo altera o ritmo das águas nos oceanos e o humor das pessoas.

Aproveitemos essa suave presença em nosso firmamento para nos inspirarmos e usarmos nosso poder de encantamento para marcar presença como seres que ainda sabem sonhar e amar.

Nota aromática de equilíbrio:

- Áloe vera (*Aloe vulgaris*)
- Amarílis (*Amaryllis belladona*)
- Jasmim (*Jasminum grandiflorum*)
- Mimosa (*Acacia dealbata*)
- Tuberosa (*Polianthes tuberosa*)

Principalmente o Áloe vera representa o efeito nutritivo e terapêutico da lua; como calmantes, estimuladores psíquicos; para induzir sonhos proféticos, receber bênçãos, proteção e sorte; para restaurar a paz e a harmonia, afastando o mal e a negatividade.

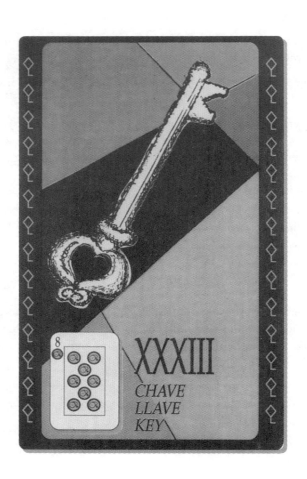

Solução

A chave ou solução dos problemas está no uso do poder e sabedoria infinitos.

As portas se abrem quando em nossa mente só acolhemos pensamentos positivos.

A simples sintonia e visualização do êxito nos predispõe ao sucesso.

Alimente sua mente com vibrações de otimismo e confiança.

Bate e a porta se abrirá, diz o preceito bíblico. Aproveite este instante para fazer uso de suas virtudes.

Pratique a humildade. Veja que chave excelente para abrir portas você tem à sua disposição. Faça bom uso dela.

Nota aromática de equilíbrio:
- Lilás (*Syringa vulgaris*)
- Madressilva (*Lonicera Periclymenum*)
- Manjerona (*Origanum majorana*)
- Narciso (*Narcissus jonquilla*)
- Nardo (*Nardostachys jatamansi*)
- Orquídea (*Orchidaceae*)

Para ajudar no desenvolvimento mental; para trazer paz, harmonia e serenidade na vida cotidiana; para desenvolver a percepção e a intuição; para restaurar energias, ajudar a expandir a consciência e melhorar a criatividade.

Abundância

Estar conectado com a prosperidade e abundância significa multiplicar e distribuir os dons e talentos que estão ao nosso dispor.

Multiplique as boas razões para viver, praticando boas ações, distribuindo sorrisos sinceros, gentilezas espontâneas, esforços não solicitados e todas as inúmeras virtudes que devemos desenvolver para nosso bem-estar individual e coletivo.

Um verdadeiro milagre de fartura e abundância ocorrerá a cada dia da sua vida, fruto dessa disposição.

Nota aromática de equilíbrio:

- Araucária (*Callitropsis araucarioides*)
- Baunilha (*Vanilla planifolia*)
- Cedro (*Juniperus virginiana*)
- Cipreste (*Cypressus sempervirens*)
- Lavanda (*Lavandula vera*)

Para atrair o sucesso, afastar o mal e atrair harmonia e amizade; para trazer sorte e ganhos financeiros; para aumentar a honra, a riqueza e a dignidade.

Segurança

Segurança é um estado de espírito.

Procuramos segurança em bens materiais quando não estamos certos de nossas qualidades.

Façamos, periodicamente, uma lista de nossos principais atributos e potencialidades.

A tomada de consciência de nossa capacidade é suficiente para aumentar nossa autoconfiança e segurança.

Em geral, as pessoas que mais têm sorte na vida são aquelas que mais trabalham, exercitando suas habilidades, conhecimentos e capacidades.

Segurança não é obra da *sorte*, mas do esforço contínuo.

Esforce-se em melhorar cada vez mais.

Nota aromática de equilíbrio:

- Açafrão (*Crocus sativus*)
- Mástique (*Pistacia lentiscus*)
- Capim-limão (*Cymbopogon citratus*)
- Benjoim (*Styrax benzoin e Styrax tonkinense*)
- Gengibre (*Zingiber officinale*)
- Noz-moscada (*Myristica fragrans*)

Para a focalização da vontade, a capacidade de se manifestar ou de realizar; para aumentar a atividade, a concentração, a criatividade para adquirir fortuna, prosperidade, destreza, energia, iniciativa; para aumentar o poder, a persistência e a perícia.

– 83 –

Espiritualidade

Dediquemos diariamente alguns minutos ao cuidado do nosso espírito.

Façamos uma revisão de nossa vida, a fim de que possamos perceber quais as lições que aprendemos.

Esta é a grande oportunidade de não repetir erros passados e reafirmar nossos acertos.

Por esse processo alquímico, transformaremos este mundo num pedacinho do que chamamos de céu.

Aproveitemos todas as experiências do cotidiano, por mais insignificantes que nos pareçam, para fortalecer o nosso espírito, observando a lei de causa e efeito, e estaremos dando, assim, cumprimento à nossa verdadeira missão, ascendendo na espiral da evolução.

Nota aromática de equilíbrio:

- Benjoim (*Styrax benzoin*)
- Cipreste (*Cupressus sempervirens*)
- Rue (*Ruta graveolens*)
- Opopônax (*Commiphora erythraea*)

Para a ascensão a um reino superior; para renovação, reciclagem, transformação, liberação e abnegação.

BIBLIOGRAFIA

COUSTÉ, ALBERTO. *Tarô ou a Máquina de Imaginar*. Global Editora e Distribuidora, S. Paulo, 1983.

FOLETIER, FRANÇOIS DE VAUX DE. *Mil Años de Historia de los Gitanos*. Editora Plaza & Janes S/A, Espanha, 1977.

GOODMAN, LINDA. *Signos Estelares*. Editora Record, Rio de Janeiro, 1987.

HODSON, GEOFFREY. *O Homem e seus Sete Temperamentos*. Editora Pensamento, S. Paulo, 1952.

HUSON, PAUL. *El Tarot Explicado*. Editora Dédalo, Buenos Aires, 1991.

KAUFMAN, WILLIAM. *Perfume*. E. P. Dutton, Nova Yorque.

NICHOLS, SALLIE. *Jung e o Tarô*. Editora Cultrix, S. Paulo, 1980.

RIOLS, SANTIN DE. *Les Parfums Magiques*. Livraria Francesa, Paris, 1903.

TOUCHKOFF, SVETLANA ALEXANDROVNA. *La Baraja Gitana*. Ediciones Martínez Roca S/A, Espanha, 1993.